Sofia Kovalevskaia

Zur Theorie der partiellen Differential-Gleichungen

Sofia Kovalevskaia

Zur Theorie der partiellen Differential-Gleichungen

ISBN/EAN: 9783743661868

Hergestellt in Europa, USA, Kanada, Australien, Japan

Cover: Foto ©ninafisch / pixelio.de

Weitere Bücher finden Sie auf **www.hansebooks.com**

ZUR THEORIE

DER

PARTIELLEN DIFFERENTIALGLEICHUNGEN.

INAUGURAL-DISSERTATION

ZUR ERLANGUNG DER DOCTORWÜRDE

BEI DER PHILOSOPHISCHEN FACULTÄT ZU GÖTTINGEN

VON

SOPHIE v. KOWALEVSKY
GEB. v. CORVIN-KRUKOVSKOY.

BERLIN.
DRUCK VON GEORG REIMER.
1874.

MEINEM THEUEREN LEHRER

HERRN PROFESSOR DR. WEIERSTRASS

IN DANKBARER VEREHRUNG

GEWIDMET.

Einleitung.

Es sei eine algebraische Differentialgleichung

$$(1.)\qquad G\left(x, y, \frac{dy}{dx}, \cdots \frac{d^n y}{dx^n}\right) = 0$$

vorgelegt, wo G eine ganze rationale Function der unabhängigen Veränderlichen x, der als Function derselben zu bestimmenden Grösse y und der Ableitungen derselben nach x bis zur n^{ten} Ordnung hin bedeutet.

Eine analytische Function ist vollständig bestimmt, sobald irgend ein regulärer Zweig derselben gegeben ist. Es kommt also darauf an, auf die allgemeinste Weise eine Potenzreihe

$$\sum_0^\infty {}_\nu\, b_\nu \frac{(x-a)^\nu}{\nu!},$$

wo $a, b_0, b_1, \ldots$ Constanten bedeuten, so zu bestimmen, dass dieselbe, für y gesetzt, der gegebenen Differentialgleichung genügt, und innerhalb eines gewissen, die Stelle a umgebenden Bezirks convergirt.

Es muss also, wenn man diese Reihe für y in den Ausdruck $G\left(x, y, \frac{dy}{dx}, \cdots \frac{d^n y}{dx^n}\right)$ einsetzt und denselben nach Potenzen von $x-a$ entwickelt, jeder einzelne Coefficient dieser Entwickelung gleich Null werden.

So erhält man zunächst zwischen $a, b_0, b_1, \ldots b_n$ die Gleichung

$$(2.)\qquad G(a, b_0, b_1, \ldots b_n) = 0.$$

Nun hat aber, wenn y irgend eine reguläre Function von x ist, die λ^{te} Ableitung von

$$G\left(x, y, \frac{dy}{dx}, \cdots \frac{d^n y}{dx^n}\right)$$

die Form

$$G'\left(x, y, \frac{dy}{dx}, \cdots \frac{d^n y}{dx^n}\right)\frac{d^{n+\lambda} y}{dx^{n+\lambda}} + H_\lambda\left(x, y, \frac{dy}{dx}, \cdots \frac{d^{n+\lambda-1} y}{dx^{n+\lambda-1}}\right),$$

wo G' die partielle Ableitung von G in Beziehung auf $\frac{d^n y}{dx^n}$, und H_λ eine ganze rationale Function von x, y, $\frac{dy}{dx}$, $\dots$ $\frac{d^{n+\lambda-1}y}{dx^{n+\lambda-1}}$ bezeichnet. Es muss also (für $\lambda = 1, 2, \dots \infty$)

$$(3.)\qquad G'(a, b_0, b_1, \dots b_n)b_{n+\lambda} + H_\lambda(a, b_0, b_1, \dots b_{n+\lambda-1}) = 0$$

sein, wenn der Coefficient von $(x-a)^\lambda$ in der genannten Entwickelung von

$$G\left(x, y, \frac{dy}{dx}, \dots \frac{d^n y}{dx^n}\right)$$

verschwinden soll. Umgekehrt genügt die für y angenommene Reihe der Gleichung (1.) formell, wenn die Gleichung (2.) und sämmtliche Gleichungen (3.) erfüllt werden.

Durch die Gleichungen (3.) werden aber sämmtliche Coefficienten b_ν, deren Index $> n$ ist, eindeutig bestimmt, sobald a, b_0, b_1, $\dots$ b_n gegeben sind und zugleich $G'(a, b_0, b_1, \dots b_n)$ einen von Null verschiedenen Werth hat.

So ergiebt sich der Satz:

„Nimmt man die Constanten

$$a,\quad b_0,\quad b_1,\quad \dots\quad b_n$$

willkürlich, jedoch so an, dass die Gleichung

$$G(a, b_0, b_1, \dots b_n) = 0$$

eine einfache Wurzel b_n hat, so lassen sich die Grössen

$$b_{n+1},\quad b_{n+2},\quad \dots$$

stets in eindeutiger Weise so bestimmen, dass

$$\sum_0^\infty{}_\nu\, b_\nu \frac{(x-a)^\nu}{\nu!},$$

für y gesetzt, der Gleichung (1.) *formell* genügt."

Diese Reihe ist aber auch stets innerhalb eines bestimmten Bezirks convergent und stellt, wenn man x innerhalb desselben annimmt, eine die vorgelegte Differentialgleichung befriedigende Function dar. Aus jeder solchen Reihe entspringt dann ferner eine bestimmte (eindeutige oder mehrdeutige) analytische Function, von der jeder reguläre Zweig die vorgelegte Differentialgleichung ebenfalls befriedigt*).

---

*) Dieser Satz findet sich zuerst in der *Weierstrass*schen Abhandlung „Zur Theorie der analytischen Facultäten" (*Crelles* Journal, Bd. 51, S. 43) ausgesprochen, und ist bald darauf auch von den Herren *Briot* und *Bouquet* bewiesen worden (Journal de l'Ecole polytechnique cah. 36). Derselbe bleibt bestehen, wenn der Ausdruck auf der linken Seite der Gleichung (1.) eine eindeutige und in eine beständig convergirende Potenzreihe der Grössen x, y, $\frac{dy}{dx}$, $\dots$ $\frac{d^n y}{dx^n}$ entwickelbare Function ist.

Umgekehrt hat jede die vorgelegte Differentialgleichung befriedigende analytische Function y unendlich viele, durch das angegebene Verfahren bestimmbare reguläre Zweige, wenn sie nicht eine sogenannte singuläre Lösung der Differentialgleichung ist, d. h. ausser derselben noch der Gleichung

$$G'\left(x, y, \frac{dy}{dx}, \dots \frac{d^n y}{dx^n}\right) = 0$$

genügt. In diesem Falle kann man aber durch Combination der beiden Gleichungen

$$G = 0, \quad G' = 0$$

zur Bestimmung der Function y entweder eine algebraische Gleichung oder eine Differentialgleichung, von der sie keine singuläre Lösung ist, erhalten.

Analoge Sätze gelten ferner, wenn zur Bestimmung mehrerer Functionen einer unabhängigen Veränderlichen ein System von ebenso vielen algebraischen Differentialgleichungen gegeben ist.

Dasselbe kann stets auf die Form

$$(5.)\quad \begin{cases} G'(x, y_0, y_1, \dots y_n)\dfrac{dy_1}{dx} - G_1(x, y_0, y_1, \dots y_n) = 0, \\ \cdot \quad \cdot \quad \cdot \\ G'(x, y_0, y_1, \dots y_n)\dfrac{dy_n}{dx} - G_n(x, y_0, y_1, \dots y_n) = 0 \end{cases}$$

gebracht werden, wo $y_1, \dots y_n$ die zu bestimmenden Functionen sind, y_0 eine mit $x, y_1, \dots y_n$ durch eine irreductible algebraische Gleichung

$$(6.)\quad G(x, y_0, y_1, \dots y_n) = 0$$

verbundene Hülfsgrösse, $G, G_1, \dots G_n$ ganze rationale Functionen von $x, y_0, y_1, \dots y_n$, und G' die partielle Ableitung von G in Beziehung auf y_0 *).

Setzt man dann, für $\lambda = 0, 1, \dots n$

$$(7.)\quad y_\lambda = \sum_0^\infty {}_\mu b_{\lambda,\mu} \frac{(x-a)^\mu}{\mu!},$$

und nimmt

$$a, \quad b_{1,0}, \quad b_{2,0}, \quad \dots \quad b_{n,0}$$

so an, dass die Gleichung

$$G(a, b_{0,0}, b_{1,0}, \dots b_{n,0}) = 0$$

*) Wie man jedes System algebraischer Differentialgleichungen auf diese „kanonische“ Form zurückführen kann, lehrt *Jacobi* in den Abhandlungen: „De investigando ordine systematis differentialium vulgarium cujuscunque“ (*Borchardts* Journal, Bd. 64, S. 237) und „De aequationum differentialium systemate non normali ad formam normalem revocanda“ (Vorlesungen über Dynamik, Anhang, S. 55).

nach $b_{0,0}$ aufgelöst eine endliche, einfache Wurzel hat, und nimmt diese für $b_{0,0}$, so lassen sich, wenn man die Ausdrücke auf der Linken der Gleichungen (5.), (6.) nach Potenzen von $x-a$ entwickelt, die Coefficienten der einzelnen Potenzen gleich Null setzt, die Grössen

$$\begin{array}{lll} b_{0,1}, & b_{0,2}, & \ldots \\ b_{1,1}, & b_{1,2}, & \ldots \\ \cdot & \cdot & \cdot \\ b_{n,1}, & b_{n,2}, & \ldots \end{array}$$

in eindeutiger Weise so bestimmen, dass den Gleichungen (5.), (6.) *formell* genügt wird.

Dann sind aber auch die so sich ergebenden $n+1$ Reihen (7.) stets innerhalb eines bestimmten Bezirks convergent und stellen, wenn man x auf diesen Bezirk beschränkt, ein System von $n+1$ Functionen dar, welche die in Rede stehenden Gleichungen wirklich befriedigen.

Aus demselben entspringt dann ein System (eindeutiger oder mehrdeutiger) analytischer Functionen von der Beschaffenheit, dass je $n+1$ zusammengehörige reguläre Zweige derselben die Gleichungen (5.), (6.) ebenfalls befriedigen.

Umgekehrt, wenn ein System von $n+1$ analytischen Functionen die Gleichungen (5.), (6.), nicht aber zugleich die Gleichung

$$\frac{\partial G(x, y_0 . y_1, \ldots y_n)}{\partial y_0}$$

befriedigt (d. h. wenn dasselbe nicht eine singuläre Lösung des Systems von partiellen Differentialgleichungen bildet), so lässt sich, wofern man specielle Werthe von a ausnimmt, jedes System zusammengehöriger Elemente *) dieser Functionen durch Reihen, welche in der beschriebenen Weise gebildet sind, ausdrücken.

Die singulären Lösungen erhält man aber, indem man die vorgelegten Gleichungen (5.), (6.) mit der Gleichung

$$\frac{\partial G(x, y_0, y_1, \ldots y_n)}{\partial y_0}$$

combinirt.

Diese Sätze, in der gegebenen Fassung, entnehme ich den Vorlesungen des Herrn *Weierstrass,* meines verehrten Lehrers. In der vor-

---

*) Vgl. §. III. im Anfang.

liegenden Arbeit habe ich mich nun mit der Aufgabe beschäftigt, zu untersuchen, ob und in wie weit sich dieselben auf den Fall ausdehnen lassen, wo zur Bestimmung analytischer Functionen mehrerer Veränderlichen partielle algebraische Differentialgleichungen gegeben sind.

§. I.

Ich betrachte zunächst das nachstehende System von partiellen Differentialgleichungen, in denen $x, x_1, \dots x_r$ unabhängige Veränderliche und $\varphi_1, \dots \varphi_n$ zu bestimmende Functionen derselben bedeuten, während die $G^{(\gamma)}_{\alpha\beta}(\varphi_1, \dots \varphi_n)$ gegebene, in der Form gewöhnlicher, innerhalb eines gewissen Bereiches convergirender Potenzreihen dargestellte Functionen von $\varphi_1, \dots \varphi_n$ sein sollen:

$$(1.)\quad \begin{cases} \dfrac{\partial\varphi_1}{\partial x} = \sum\limits_1^n{}_\beta\, G^{(1)}_{1,\beta}(\varphi_1, \dots \varphi_n)\dfrac{\partial\varphi_\beta}{\partial x_1} + \dots + \sum\limits_1^n{}_\beta\, G^{(1)}_{r,\beta}(\varphi_1, \dots \varphi_n)\dfrac{\partial\varphi_\beta}{\partial x_r}, \\ \dots\dots\dots\dots\dots\dots \\ \dfrac{\partial\varphi_n}{\partial x} = \sum\limits_1^n{}_\beta\, G^{(n)}_{1,\beta}(\varphi_1, \dots \varphi_n)\dfrac{\partial\varphi_\beta}{\partial x_1} + \dots + \sum\limits_1^n{}_\beta\, G^{(n)}_{r,\beta}(\varphi_1, \dots \varphi_n)\dfrac{\partial\varphi_\beta}{\partial x_r}. \end{cases}$$

Um mich kürzer ausdrücken zu können, will ich im Folgenden unter einer Potenzreihe mehrerer Veränderlichen $(x, x_1, \dots x_r)$ stets eine solche verstehen, die nur ganze und positive Potenzen dieser Grössen enthält. Dieses vorausgesetzt, gelten folgende Sätze:

A. Sind

$$\varphi(x_1, \dots x_r)_{1,0}, \quad \dots \quad \varphi(x_1, \dots x_r)_{n,0}$$

n willkürlich angenommene Potenzreihen, welche einen gemeinschaftlichen, wenn auch beschränkten Convergenzbezirk besitzen, und an der Stelle

$$(x_1 = 0,\ x_2 = 0,\ \dots\ x_r = 0)$$

sämmtlich verschwinden, — so giebt es n bestimmte Potenzreihen von $(x, x_1, \dots x_r)$, welche für $x = 0$ beziehlich in

$$\varphi(x_1, \dots x_r)_{1,0}, \quad \dots \quad \varphi(x_1, \dots x_r)_{n,0}$$

übergehen und, für $\varphi_1, \dots \varphi_n$ in die vorgelegten Differentialgleichungen eingesetzt, denselben *formell* genügen.

B. Diese n Reihen sind sämmtlich in einem gewissen Bereiche unbedingt convergent und stellen Functionen dar, welche die Differentialgleichungen (1.) wirklich befriedigen.

Setzt man in die Gleichungen (1.) für $\varphi_1, \dots \varphi_n$ Reihen von der Form

$$\varphi_1 = \varphi(x_1, \dots x_r)_{1,0} + \sum_1^\infty{}_\nu \varphi(x_1, \dots x_r)_{1,\nu} \frac{x^\nu}{\nu!},$$

$$\dots\dots\dots\dots\dots$$

$$\varphi_n = \varphi(x_1, \dots x_r)_{n,0} + \sum_1^\infty{}_\nu \varphi(x_1, \dots x_r)_{n,\nu} \frac{x^\nu}{\nu!}$$

ein, so erhält man, indem man die Ausdrücke auf beiden Seiten in jeder Gleichung nach Potenzen von x entwickelt, zunächst

$$\varphi(x_1, \dots x_r)_{1,1} = \sum_1^n{}_\beta G^{(1)}_{1,\beta}(\varphi_{1,0}, \dots \varphi_{n,0}) \frac{\partial \varphi_{\beta,0}}{\partial x_1} + \dots + \sum_1^n{}_\beta G^{(1)}_{r,\beta}(\varphi_{1,0}, \dots \varphi_{n,0}) \frac{\partial \varphi_{\beta,0}}{\partial x_r},$$

$$\dots\dots\dots\dots\dots$$

$$\varphi(x_1, \dots x_r)_{n,1} = \sum_1^n{}_\beta G^{(n)}_{1,\beta}(\varphi_{1,0}, \dots \varphi_{n,0}) \frac{\partial \varphi_{\beta,0}}{\partial x_1} + \dots + \sum_1^n{}_\beta G^{(n)}_{r,\beta}(\varphi_{1,0}, \dots \varphi_{n,0}) \frac{\partial \varphi_{\beta,0}}{\partial x_r},$$

und alsdann jede der Functionen

$$\varphi(x_1, \dots x_r)_{1,\nu}, \quad \dots \quad \varphi(x_1, \dots x_r)_{n,\nu}$$

ausgedrückt als ganze rationale Function einer gewissen Anzahl der Ableitungen von $\varphi_{1,0}, \dots \varphi_{n,0}$ nach $x_1, \dots x_r$, deren Coefficienten Potenzreihen von $\varphi_{1,0}, \dots \varphi_{n,0}$ sind. Dabei ist zu bemerken, dass jeder Coefficient der letzteren aus einer endlichen Anzahl von den Coefficienten der Ausdrücke $G^{(\gamma)}_{\alpha,\beta}$ bloss durch Addition und Multiplication zusammengesetzt wird.

Ist nun

$$(2.)\quad \begin{cases} \varphi(x_1, \dots x_r)_{1,0} = \Sigma\left(\varphi^{(1)}_{0,\nu_1,\dots\nu_r} \dfrac{x_1^{\nu_1}}{\nu_1!} \cdots \dfrac{x_r^{\nu_r}}{\nu_r!}\right), \\ \qquad \nu_1 = 0 \dots \infty, \dots \nu_r = 0 \dots \infty \\ \dots\dots\dots\dots\dots \\ \varphi(x_1, \dots x_r)_{n,0} = \Sigma\left(\varphi^{(n)}_{0,\nu_1,\dots\nu_r} \dfrac{x_1^{\nu_1}}{\nu_1!} \cdots \dfrac{x_r^{\nu_r}}{\nu_r!}\right), \\ \qquad \nu_1 = 0 \dots \infty, \dots \nu_r = 0 \dots \infty \end{cases}$$

und setzt man

$$(3.)\quad \varphi(x_1, \dots x_r)_{\alpha,\nu} = \Sigma\left(\varphi^{(\alpha)}_{\nu,\nu_1,\dots\nu_r} \frac{x_1^{\nu_1}}{\nu_1!} \cdots \frac{x_r^{\nu_r}}{\nu_r!}\right) \qquad (\alpha = 1, \dots n),$$
$$\nu_1 = 0 \dots \infty, \dots \nu_r = 0 \dots \infty$$

so ergiebt sich jede der Grössen

$$\varphi^{(\alpha)}_{\nu,\nu_1,\dots\nu_r} \qquad (\alpha = 1, \dots n)$$

als eine ganze rationale Function einer endlichen Anzahl der Grössen

$$\varphi^{(\alpha)}_{0,\mu_1,\dots\mu_r} \qquad (\alpha = 1, \dots n)$$

und der Coefficienten der

$$G^{(\gamma)}_{\alpha,\beta}(\varphi_1, \dots \varphi_n).$$

und es werden dann die gegebenen Differentialgleichungen formell befriedigt, wenn man

$$(4.)\quad \begin{cases} \varphi_\alpha = \Sigma\left(\varphi(x_1, \dots x_r)_{\alpha,\mu} \dfrac{x^\mu}{\mu!}\right). \\ \qquad \mu = 0 \dots \infty \\ \quad = \Sigma\left(\varphi^{(\alpha)}_{\mu,\mu_1,\dots\mu_r} \dfrac{x^\mu}{\mu!} \cdot \dfrac{x_1^{\mu_1}}{\mu_1!} \cdots \dfrac{x_r^{\mu_r}}{\mu_r!}\right). \\ \mu = 0 \dots \infty,\ \mu_1 = 0 \dots \infty, \dots \mu_r = 0 \dots \infty \end{cases} \qquad (\alpha = 1, \dots n)$$

setzt.

Um nun zu beweisen, dass diese Reihen sämmtlich innerhalb eines bestimmten Bezirks unbedingt convergent sind, ersetze ich das vorgelegte System von Differentialgleichungen durch ein anderes von derselben Form:

$$(5.)\quad \begin{cases} \dfrac{\partial \psi_1}{\partial x} = \sum_1^n{}_\beta\, \bar{G}^{(1)}_{1,\beta}(\psi_1, \dots \psi_n) \dfrac{\partial \psi_\beta}{\partial x_1} + \dots + \sum_1^n{}_\beta\, \bar{G}^{(1)}_{r,\beta}(\psi_1, \dots \psi_n) \dfrac{\partial \psi_\beta}{\partial x_r}, \\ \dots\dots\dots\dots\dots\dots \\ \dfrac{\partial \psi_n}{\partial x} = \sum_1^n{}_\beta\, \bar{G}^{(n)}_{1,\beta}(\psi_1, \dots \psi_n) \dfrac{\partial \psi_\beta}{\partial x_1} + \dots + \sum_1^n{}_\beta\, \bar{G}^{(n)}_{r,\beta}(\psi_1, \dots \psi_n) \dfrac{\partial \psi_\beta}{\partial x_r}; \end{cases}$$

in welchem in jeder der Reihen $\bar{G}^{(\gamma)}_{\alpha,\beta}(\psi_1, \dots \psi_n)$ jeder einzelne Coefficient positiv und nicht kleiner als der absolute Betrag des entsprechenden Coefficienten in $G^{(\gamma)}_{\alpha,\beta}(\varphi_1, \dots \varphi_n)$ ist. Zugleich nehme ich an Stelle jeder der Reihen $\varphi(x_1, \dots x_r)_{\alpha,0}$ $(\alpha = 1, \dots n)$ eine andere $\psi(x_1, \dots x_r)_{\alpha,0}$ an, in der ebenfalls jeder einzelne Coefficient positiv und nicht kleiner als der absolute Betrag des entsprechenden Coefficienten in $\varphi(x_1, \dots x_r)_{\alpha,0}$ ist. Wenn alsdann

$$\psi^{(\alpha)}_{\mu,\mu_1,\dots\mu_r}$$

den Ausdruck bezeichnet, der jetzt an die Stelle von

$$\varphi^{(\alpha)}_{\mu,\mu_1,\dots\mu_r}$$

tritt, so erhellt aus dem, was über die Zusammensetzung des letzteren aus den Coefficienten der Reihen $G^{(\gamma)}_{\alpha,\beta}$ und $\varphi_{\alpha,0}$ gesagt ist, dass der erstere positiv und nicht kleiner als der absolute Betrag des anderen sein wird. Kann man also von den Reihen $\psi_1, \dots \psi_n$, wo

$$\psi_\alpha = \Sigma\left(\psi^{(\alpha)}_{\mu,\mu_1,\dots\mu_r} \frac{x^\mu}{\mu!} \cdot \frac{x_1^{\mu_1}}{\mu_1!} \cdots \frac{x_r^{\mu_r}}{\mu_r!}\right) \qquad (\alpha = 1, \dots n)$$
$$\mu = 0 \dots \infty,\ \mu_1 = 0 \dots \infty, \dots \mu_r = 0 \dots \infty$$

ist, beweisen, dass sie sämmtlich innerhalb eines bestimmten Bezirkes convergent sind, so steht dasselbe für die Reihen $\varphi_1, \dots \varphi_n$ fest.

Dieses vorausgesetzt, werde, wie es immer möglich ist, eine positive Grösse g so angenommen, dass sämmtliche Reihen $G^{(\gamma)}_{\alpha,\beta}(\varphi_1, \dots \varphi_n)$ convergiren, wenn

$$\varphi_1 = \varphi_2 = \dots = \varphi = g$$

gesetzt wird; dann kann man eine zweite, ebenfalls positive Grösse G so annehmen, dass aus dem Bruche

$$\frac{G}{1 - \dfrac{\psi_1 + \psi_2 + \dots + \psi_n}{g}},$$

wenn derselbe nach steigenden Potenzen von $\psi_1, \dots \psi_n$ entwickelt wird, eine Reihe $\bar{G}(\psi_1, \dots \psi_n)$ entspringt, in welcher jeder einzelne Coefficient positiv und grösser als der absolute Betrag des entsprechenden Coefficienten in jeder der Reihen $G^{(\gamma)}_{\alpha,\beta}(\varphi_1, \dots \varphi_n)$ ist.

Ebenso kann man zwei positive Grössen g' und ϱ so wählen, dass in der Reihe, welche aus der Entwickelung des Bruches

$$\frac{g'(x_1 + x_2 + \dots + x_r)}{1 - \dfrac{x_1 + x_2 + \dots + x_r}{\varrho}}$$

nach steigenden Potenzen von $x_1, \dots x_\varrho$ hervorgeht und die mit $\psi(x_1, \dots x\,)_0$ bezeichnet werden möge, jeder Coefficient positiv und grösser als der absolute Betrag des entsprechenden Coefficienten in jeder der Reihen

$$\varphi(x_1, \dots x_r)_{1,0}, \quad \dots \quad \varphi(x_1, \dots x_r)_{n,0}$$

wird.

Werden dann in dem System (5.) sämmtliche Reihen

$$\bar{G}^{(\gamma)}_{\alpha\beta}(\psi_1, \dots \psi_n) = \bar{G}(\psi_1, \dots \psi_n)$$

angenommen, und wird zugleich festgesetzt, dass für $x = 0$ jede der Functionen ψ_a in

$$\psi(x_1, \dots x_r)_0$$

übergehen soll, so sind die eben angegebenen Bedingungen erfüllt, und es braucht also nur bewiesen zu werden, dass die so definirten Reihen $\psi_1, \dots \psi_n$ innerhalb eines gewissen Bezirks convergent sind.

Unter den gemachten Voraussetzungen werden aber die sämmtlichen Reihen $\psi_1, \dots \psi_n$ einander gleich und Functionen bloss von x und von

$$\left(\frac{x_1 + x_2 + \dots + x_r}{\varrho}\right).$$

Das System (5.) reducirt sich also, wenn man

$$\psi = \frac{\psi_1 + \cdots + \psi_n}{g}, \quad y = \frac{x_1 + \cdots + x_r}{\varrho}$$

setzt, so dass $\psi_\alpha = \frac{g}{n}\psi$ wird (für $\alpha = 1 \ldots n$), auf die einzige partielle Differentialgleichung

$$(6.) \qquad \frac{\partial \psi}{\partial x} = \frac{a}{1-\psi}\,\frac{\partial \psi}{\partial y},$$

wo a eine positive Constante bedeutet.

Dabei ist noch die Bedingung hinzuzufügen, dass für $x = 0$

$$\psi \text{ in } \frac{by}{1-y}$$

übergehen soll, wo b ebenfalls eine Constante bezeichnet.

Die Gleichung (6.) besagt nichts weiter, als dass zwischen den Grössen ψ und $(1-\psi)y + ax$ eine Relation besteht. Diese wird aber durch die Feststellung, dass ψ für $x = 0$ in $\frac{by}{1-y}$ übergehen soll, eine völlig bestimmte; und es ergiebt sich zwischen ψ, x, y die Gleichung

$$(1-\psi)y + ax = \frac{1-\psi}{b+\psi}\psi,$$

woraus man

$$\psi = \frac{1-(1-b)y - ax - \sqrt{(1-(1+b)y - ax)^2 - 4abx}}{2(1-y)}$$

erhält, mit der Bedingung, dass bei der Entwickelung dieses Ausdruckes nach Potenzen von x, y das Anfangsglied in der Entwickelung der Quadratwurzel 1 sei.

Die so sich ergebende Potenzreihe von x, y hat nun einen bestimmten Convergenzbezirk, und es sind zugleich ihre Coefficienten durchweg positiv, wie man sofort sieht, wenn man die Entwickelung von ψ nach der im Vorstehenden auseinandergesetzten Methode vornimmt. Es wird daher auch die Potenzreihe von $(x, x_1, \ldots x_r)$, in welche ψ durch die Substitution

$$y = \frac{x_1 + \cdots + x_r}{\varrho}$$

übergeht, einen bestimmten Convergenzbezirk besitzen. Für jedes innerhalb dieses Bezirkes enthaltene Werthsystem $(x, x_1, \ldots x_r)$ sind dann sicher auch die Reihen $\varphi_1, \ldots \varphi_n$ sämmtlich unbedingt convergent. Dieselben besitzen also jedenfalls einen gemeinschaftlichen Convergenzbezirk und stellen, wenn man die Veränderlichen $(x, x_1, \dots x_r)$ auf einen innerhalb desselben liegenden Bereich in der Art beschränkt, dass für jedes in dem letzteren enthaltene Werthsystem $(x, x_1, \dots x_r)$ das System der zugehörigen Werthe von $(\varphi_1, \dots \varphi_n)$ dem gemeinschaftlichen Convergenzbezirk der Reihen $G^{(\gamma)}_{\alpha,\beta}$ angehört, Functionen von $(x, x_1, \dots x_r)$ dar, welche die gegebene Differentialgleichungen befriedigen und zugleich für $x = 0$ in

$$\varphi(x_1, \dots x_r)_{1,0}, \quad \dots \quad \varphi(x_1, \dots x_r)_{n,0}$$

übergehen; w. z. b. w.

Zusätze:

A) Es ist angenommen worden, dass $\varphi(x_1, \dots x_r)_{1,0}, \dots \varphi(x_1, \dots x_r)_{n,0}$ sämmtlich verschwinden, wenn jede der Grössen $(x, x_1, \dots x_r)$ den Werth Null erhält. Die entwickelten Sätze behalten aber ihre Gültigkeit, wenn nur die Functionen $\varphi_{\alpha,0}$ so angenommen werden, dass das Werthsystem

$$\varphi(0 \dots 0)_{1,0}, \quad \dots \quad \varphi(0 \dots 0)_{n,0}$$

dem gemeinschaftlichen Convergenzbereich der Reihen $G^{(\gamma)}_{\alpha,\beta}$ angehört, wie aus dem gegebenen Beweise ohne Weiteres folgt, wenn man

$$\varphi_1 - \varphi(0 \dots 0)_{1,0}, \quad \dots \quad \varphi_n - \varphi(0 \dots 0)_{n,0}$$

als die zu bestimmenden Functionen einführt.

B) Es bleiben ferner alle Sätze bestehen, wenn an Stelle des betrachteten Systems von Differentialgleichungen das folgende gegeben ist, in welchem sämmtliche Functionen $G^{(\gamma)}_{\alpha,\beta}(\varphi_1, \dots \varphi_n)$ dieselbe Beschaffenheit haben, wie in jenem:

$$(1^a.)\quad \begin{cases} \dfrac{\partial \varphi_1}{\partial x} = \Sigma\left(G^{(1)}_{\nu,\beta}(\varphi_1, \dots \varphi_n)\dfrac{\partial \varphi_\beta}{\partial x_\nu}\right) + G^{(1)}_{0,0}(\varphi_1, \dots \varphi_n), \\ \qquad \nu = 1 \cdots r, \ \beta = 1 \cdots n \\ \dots\dots\dots\dots\dots\dots \\ \dfrac{\partial \varphi_n}{\partial x} = \Sigma\left(G^{(n)}_{\nu,\beta}(\varphi_1, \dots \varphi_n)\dfrac{\partial \varphi_\beta}{\partial x_\nu}\right) + G^{(n)}_{0,0}(\varphi_1, \dots \varphi_n). \\ \qquad \nu = 1 \cdots r, \ \beta = 1 \cdots n \end{cases}$$

Dies ergiebt sich sofort, wenn man den vorstehenden Gleichungen noch eine neue

$$\frac{\partial \varphi_0}{\partial x} = 0$$

hinzufügt, mit der Festsetzung, dass für $x = 0$

$$\varphi_0 = x_1$$

sein soll, so dass man jedes der Glieder $G^{(\gamma)}_{\alpha\beta}$ mit $\frac{\partial \varphi_\alpha}{\partial x}$ multipliciren darf, und auf diese Weise ein Gleichungs-System von der Form (1'.) erhält. —

C) Sodann behalten die in Rede stehenden Sätze ihre Gültigkeit auch dann, wenn in den Gleichungs-Systemen (1.) und (1'.) die Functionen $G^{(\gamma)}_{\alpha\beta}$ sämmtlich oder zum Theil Quotienten zweier Potenzreihen sind. Man hat nur in diesem Falle das Werthsystem

$$\varphi(0\dots0)_{1,0}, \quad \dots \quad \varphi(0\dots0)_{n,0}$$

so zu wählen, dass dasselbe dem gemeinschaftlichen Convergenzbezirk aller Zähler und Nenner angehört und keiner der Nenner verschwindet, wenn man

$$\varphi_1 = \varphi(0\dots0)_{1,0}, \quad \dots \quad \varphi_n = \varphi(0\dots0)_{n,0}$$

setzt.

Wenn nämlich diese Bedingungen erfüllt sind, so lassen sich die Functionen $G^{(\gamma)}_{\alpha\beta}$ sämmtlich in Potenzreihen von

$$\varphi_1 - \varphi(0\dots0)_{1,0}, \quad \dots \quad \varphi_n - \varphi(0\dots0)_{n,0}$$

entwickeln, wodurch dem Gleichungssystem die ursprünglich vorausgesetzte Form gegeben wird.

D) Wenn man nun beachtet, dass die durch das auseinandergesetzte Verfahren für $\varphi_1, \dots \varphi_n$ sich ergebenden Reihen vollständig bestimmt sind, dass sie den vorgelegten Differentialgleichungen genügen und für $x = 0$ beziehlich in

$$\varphi(x_1, \dots x_r)_{1,0}, \quad \dots \quad \varphi(x_1, \dots x_r)_{n,0}$$

übergehen sollen, so ergiebt sich schliesslich, wenn man alles Vorstehende zusammenfasst, folgendes Resultat:

Es sei gegeben ein System partieller Differentialgleichungen von der Form

$$(1'.)\quad \begin{cases} G^{(1)}(\varphi_1, \dots \varphi_n)\, \dfrac{\partial \varphi_1}{\partial x} = \Sigma\left(G^{(1)}_{\alpha,\beta}(\varphi_1 \dots \varphi_n)\, \dfrac{\partial \varphi_\beta}{\partial x_\alpha}\right) + G^{(1)}_{0,0}(\varphi_1 \dots \varphi_n), \\ \qquad (\alpha = 1 \cdots r, \beta = 1 \cdots n) \\ \dots \quad \dots \quad \dots \\ G^{(n)}(\varphi_1, \dots \varphi_n)\, \dfrac{\partial \varphi_n}{\partial x} = \Sigma\left(G^{(n)}_{\alpha,\beta}(\varphi_1 \dots \varphi_n)\, \dfrac{\partial \varphi_\beta}{\partial x_\alpha}\right) + G^{(n)}_{0,0}(\varphi_1 \dots \varphi_n), \\ \qquad (\alpha = 1 \cdots r, \beta = 1 \cdots n) \end{cases}$$

in denen die $G^{(\gamma)}_{\alpha,\beta}$ und $G^{(\gamma)}$ sämmtlich Potenzreihen von $\varphi_1, \dots \varphi_n$ sind, und es seien auf irgend eine Weise n Potenzreihen von $x, x_1, \dots x_r$

$$\varphi_1(x, x_1, \dots x_r), \quad \dots \quad \varphi_n(x, x_1, \dots x_r)$$

hergestellt, welche für $\varphi_1, \ldots \varphi_n$ gesetzt den Differentialgleichungen formell genügen, so dass in jeder dieser Gleichungen die Ausdrücke auf der linken und rechten Seite, wenn man sie nach Potenzen von $x, x_1, \ldots x_r$ entwickelt, in den Coefficienten der gleichstelligen Glieder übereinstimmen; so werden jene Reihen stets innerhalb eines bestimmten Bezirks convergiren und analytische Functionen, welche die Differentialgleichungen wirklich befriedigen, darstellen, sobald nur folgende Bedingungen erfüllt sind:

a) Es müssen die Reihen

$$\varphi(0, x_1, \ldots x_r)_1, \quad \ldots \quad \varphi(0, x_1, \ldots x_r)_n$$

einen gemeinschaftlichen Convergenzbezirk besitzen;

b) es muss das Werthsystem

$$\varphi(0, 0, \ldots 0)_1, \quad \ldots \quad \varphi(0, 0, \ldots 0)_n$$

innerhalb des gemeinschaftlichen Convergenzbezirks der Functionen

$$G^{(\gamma)}_{\alpha,\beta}(\varphi_1, \ldots \varphi_n), \quad G^{(\gamma)}(\varphi_1, \ldots \varphi_n)$$

enthalten sein;

c) es darf keine der Functionen $G^{(\gamma)}(\varphi_1, \ldots \varphi_n)$ an der Stelle

$$(\varphi_1 = \varphi(0 \ldots 0)_1, \quad \ldots \quad \varphi_n = \varphi(0 \ldots 0)_n)$$

verschwinden.

Wenn insbesondere die $G^{(\gamma)}_{\alpha,\beta}$, $G^{(\gamma)}$ sämmtlich ganze Functionen oder beständig convergirende Reihen von $\varphi_1, \ldots \varphi_n$ sind, so ist die Bedingung b) von selbst erfüllt.

§. II.

Ich nehme jetzt an, es sei zur Bestimmung einer Function φ von $r+1$ Veränderlichen $(x, x_1, \ldots x_r)$ irgend eine algebraische partielle Differentialgleichung n^{ter} Ordnung gegeben, und auf die Form

$$(1.)\quad G\left(x, x_1, \ldots x_r, \varphi \cdots \frac{\partial^{\alpha+\alpha_1+\cdots+\alpha_r}\varphi}{\partial x^{\alpha}\partial x_1^{\alpha_1}\cdots\partial x_r^{\alpha_r}}\cdots\right) = 0$$

gebracht, wo G eine ganze rationale Function von $x, x_1, \ldots x_r, \varphi$ und denjenigen Ableitungen

$$\frac{\partial^{\alpha+\alpha_1+\cdots+\alpha_r}\varphi}{\partial x^{\alpha}\partial x_1^{\alpha_1}\cdots\partial x_r^{\alpha_r}},$$

in denen

$$\alpha+\alpha_1+\cdots+\alpha_r \leqq n$$

ist, bedeutet. Dabei darf man voraussetzen, es sei diese Gleichung in dem

Sinne irreductibel, dass G nicht das Product zweier Ausdrücke von derselben Form ist.

Es handelt sich darum, auf die allgemeinste Weise ein diese Differentialgleichung befriedigendes ***Functionenelement*** (in dem Sinne, wie Herr ***Weierstrass*** dies Wort gebraucht)

$$\varphi(x, x_1, \dots x_r\, a, a_1, \dots a_r)$$

zu bestimmen, d. h. eine innerhalb eines bestimmten Bezirks convergente und der Differentialgleichung genügende Potenzreihe von $x-a$, $x_1-a_1, \dots x_r-a_r$, wo $a, a_1, \dots a_r$ Constanten bezeichnen.

Ich betrachte nun zunächst den Fall, den ich den ***normalen*** nennen will, wo von den Ableitungen

$$\frac{\partial^n \varphi}{\partial x^n}, \quad \frac{\partial^n \varphi}{\partial x_1^n}, \quad \frac{\partial^n \varphi}{\partial x_r^n}$$

wenigstens eine, — ich will annehmen $\frac{\partial^n \varphi}{\partial x^n}$ — in G wirklich vorkommt. Dieses vorausgesetzt lässt sich zeigen, dass man eine der Differentialgleichung genügende Reihe

$$\varphi(x, x_1, \dots x_r | a, a_1, \dots a_r) = \Sigma\left(b_{\alpha,\alpha_1,\dots\alpha_r} \frac{(x-a)^\alpha}{\alpha!} \frac{(x_1-a_1)^{\alpha_1}}{\alpha_1!} \cdots \frac{(x_r-a_r)^{\alpha_r}}{\alpha_r!}\right)$$
$$(\alpha = 0 \cdots \infty, \alpha_1 = 0 \cdots \infty, \cdots \alpha_r = 0 \cdots \infty)$$

erhalten kann, in der, wenn man sie auf die Form

$$\sum_0^\infty{}_\nu \overset{(\nu)}{\varphi}(x_1, \dots x_r | a_1, \dots a_r) \frac{(x-a)^\nu}{\nu!}$$

bringt, von den Functionen $\overset{(\nu)}{\varphi}(x_1, \dots x_r | a_1, \dots a_r)$ die n ersten

$$\overset{(0)}{\varphi}(x_1, \dots x_r\, a_1, \dots a_r), \qquad \overset{(n-1)}{\varphi}(x_1, \dots x_r\, a_1, \dots a_r)$$

im Allgemeinen willkürlich angenommen werden können, die übrigen dann aber durch die Differentialgleichung bestimmt werden.

Setzt man die für φ angenommene Reihe in den Ausdruck auf der Linken der Gleichung (1.) ein, und entwickelt denselben nach Potenzen von $x-a$, $x_1-a_1, \dots x_r-a_r$, so muss zunächst das constante Glied verschwinden, d. h. es muss

$$(2.) \qquad G(a, a_1, \dots a_r, b_{0\dots 0} \dots b_{\alpha,\alpha_1,\dots\alpha_r} \dots) = 0$$

sein.

Ich bezeichne ferner zur Abkürzung

$$\frac{\partial^{\alpha+\alpha_1+\cdots+\alpha_r}\varphi(x, x_1, \ldots x_r | a, a_1, \ldots a_r)}{\partial x^\alpha \partial x_1^{\alpha_1} \ldots \partial x_r^{\alpha_r}}$$

mit $\varphi_{\alpha,\alpha_1,\ldots\alpha_r}$ und

$$\overset{(\nu)}{\varphi}(x_1, \ldots x_r | a_1, \ldots a_r)$$

bloss mit $\overset{(\nu)}{\varphi}$. Dann wird für $x = a$

$$\varphi_{\alpha,\alpha_1,\ldots\alpha_r} \quad \text{gleich} \quad \frac{\partial^{\alpha_1+\cdots+\alpha_r}\overset{(\alpha)}{\varphi}}{\partial x_1^{\alpha_1}\ldots\partial x_r^{\alpha_r}}.$$

Entwickelt man nun

$$G(x, x_1, \ldots x_r, \varphi, \ldots \varphi_{\alpha,\alpha_1,\ldots\alpha_r} \ldots)$$

nach Potenzen von $x-a$, so wird der Coefficient von $(x-a)^0$ eine ganze Function von $\overset{(n)}{\varphi}$, deren Coefficienten ausser den Veränderlichen $x_1, \ldots x_r$ nur die Functionen $\overset{(0)}{\varphi}, \overset{(1)}{\varphi}, \ldots \overset{(n-1)}{\varphi}$ und deren Ableitungen nach $(x_1, \ldots x_r)$ enthalten, und es muss $\overset{(n)}{\varphi}$ so bestimmt werden, dass diese Function, welche mit $G_0(\overset{(n)}{\varphi})$ bezeichnet werde, verschwindet, und zugleich $\overset{(n)}{\varphi}$ eine Potenzreihe von $x_1 - a_1, \ldots x_r - a_r$ wird. Dies ist aber immer, und zwar nur auf eine einzige Weise, möglich, wenn man $a, a_1, \ldots a_r$ und diejenigen Grössen

$$b_{\alpha,\alpha_1,\ldots\alpha_r},$$

in denen

$$\alpha + \alpha_1 + \cdots + \alpha_r \leqq n, \qquad \alpha < n$$

ist, so annimmt, dass sich aus der Gleichung (2.) für $b_{n,0,\ldots0}$ wenigstens ein endlicher Werth, der eine einfache Wurzel der Gleichung ist, ergiebt. Diese Bedingung als erfüllt vorausgesetzt, sind die Reihen

$$\overset{(0)}{\varphi}, \quad \overset{(1)}{\varphi}, \quad \ldots \quad \overset{(n-1)}{\varphi}$$

im Uebrigen willkürlich, jedoch so, dass jede von ihnen einen Convergenzbezirk besitzt, anzunehmen. Die Coefficienten der Reihe

$$\overset{(n)}{\varphi},$$

die dann stets auch einen gewissen Convergenzbezirk besitzt, werden rational aus den Coefficienten der vorstehenden und aus $b_{n,0,\ldots0}$ zusammengesetzt; es giebt also so viel verschiedene Functionen $\overset{(n)}{\varphi}$, als verschiedene Werthe von $b_{n,0,\ldots0}$, die einfache Wurzeln der Gleichung (2.) sind, existiren.

Differentiirt man ferner den Ausdruck G, als Function von x betrachtet, so hat die λ^{te} Ableitung desselben die Form

$$G'(\varphi_{n,0,\dots 0})\frac{\partial^{n+\lambda}\varphi}{\partial x^{n+\lambda}}+H_\lambda(x, x_1, \dots x_r, \varphi, \dots \varphi_{a\,a_1\dots a_r}, \dots),$$

wo $G'(\varphi_{n,0,\dots 0})$ die partielle Ableitung von G nach $\varphi_{n,0,\dots 0}$ ist und H_λ eine ganze Function von x, x_1, ... x_r und denjenigen Grössen $\varphi_{a\,a_1\dots a_r}$ bezeichnet, in welchen

$$a+a_1+\dots+a_r \leqq n+\lambda, \qquad a<n+\lambda$$

ist. Der Coefficient von $\frac{(x-a)^\lambda}{\lambda!}$ in der erwähnten Entwickelung von G hat also die Form

$$G_0'(\overset{(n)}{\varphi})\overset{(n+\lambda)}{\varphi}+H_{\lambda,0},$$

wo G_0' und $H_{\lambda,0}$ diejenigen Functionen von x_1, ... x_r bezeichnen, in welche G' und H_λ dadurch übergehen, dass man $x=a$ und

$$\varphi_{a,a_1,\dots a_r} = \frac{\partial^{a_1+\dots+a_r}\overset{(a)}{\varphi}}{\partial x_1^{a_1}\dots\partial x_r^{a_r}}$$

setzt.

Dieser Coefficient muss nun gleich Null sein, und da sich, weil $G_0'(\overset{(n)}{\varphi})$ an der Stelle $(x_1=a_1, \dots x_r=a_r)$ nicht verschwindet,

$$\frac{1}{G_0'(\overset{(n)}{\varphi})}$$

in eine Potenzreihe von x_1-a_1, ... x_r-a_r entwickeln lässt, so ergiebt sich $\overset{(n+\lambda)}{\varphi}$ als Potenzreihe von x_1-a_1, ... x_r-a_r, welche völlig bestimmt ist, sobald

$$\overset{(0)}{\varphi},\ \overset{(1)}{\varphi},\ \dots\ \overset{(n+\lambda-1)}{\varphi}$$

es sind. Daraus folgt, dass sich, wenn man a, a_1, ... a_r, $\overset{(0)}{\varphi}$, $\overset{(1)}{\varphi}$, ... $\overset{(n-1)}{\varphi}$ den obigen Bedingungen gemäss annimmt, darauf nach Fixirung des Coefficienten $b_{n,0,\dots 0}$ zunächst $\overset{(n)}{\varphi}$ und dann

$$\overset{(n+1)}{\varphi},\ \overset{(n+2)}{\varphi},\ \dots$$

so bestimmen lassen, und zwar nur auf eine einzige Weise, wie es erforderlich ist, wenn der Ausdruck

$$\varphi = \overset{(\nu)}{\Sigma}\varphi(x_1, \ldots x_r\, a_1, \ldots a_r)\frac{(x-a)^\nu}{\nu!}$$

der vorgelegten Differentialgleichung formell genügen soll.

Um nun zu beweisen, dass φ ein Element einer diese Gleichung befriedigenden analytischen Function von $x, x_1, \ldots x_r$ darstellt, hat man zu zeigen, dass sie innerhalb eines gewissen Bezirks convergirt.

Dies geschieht in folgender Weise:

Ich setze

$$(3.)\qquad x = a+u, \quad x_1 = a_1+u_1, \quad \ldots \quad x_r = a_r+u_r$$

und bezeichne, unter φ jetzt die Potenzreihe von $u, u_1, \ldots u_r$ verstehend, in welche $\varphi(x, x_1, \ldots x_r | a, a_1, \ldots a_r)$ durch diese Substitution übergeht,

$$\varphi, \quad \frac{\partial\varphi}{\partial u}, \quad \ldots \quad \frac{\partial^n\varphi}{\partial u^n}$$

beziehlich mit

$$\varphi_0, \quad \varphi_1, \quad \quad \varphi_n,$$

sowie die übrigen Ableitungen

$$\frac{\partial^{\alpha+\alpha_1+\cdots+\alpha_r}\varphi}{\partial x^\alpha\,\partial x_1^{\alpha_1}\ldots\partial x_r^{\alpha_r}},$$

in denen $\alpha+\alpha_1+\cdots+\alpha_r \leqq n$ ist, in irgend einer Ordnung genommen mit $\varphi_{n+1}, \ldots \varphi_s$.

Dann hat man

$$(4.)\qquad \begin{cases} \dfrac{\partial\varphi}{\partial u} = \varphi_1, \\ \quad \cdot \quad \cdot \\ \dfrac{\partial\varphi_{n-1}}{\partial u} = \varphi_n. \end{cases}$$

Ferner kann man, wenn $\lambda > 0$,

$$(5.)\qquad \frac{\partial\varphi_{n+\lambda}}{\partial u} = \frac{\partial\varphi_\mu}{\partial u_\nu}$$

setzen, wo μ eine der Zahlen $1\ldots s$, und ν eine der Zahlen $1\ldots r$ ist. (Ist nämlich $\varphi_{n+\lambda} = \varphi_{\alpha,\alpha_1,\ldots,\alpha_r}$, so ist mindestens eine der Zahlen $\alpha_1, \ldots \alpha_r$, z. B. α_ν von Null verschieden, und man hat dann

$$\frac{\partial\varphi_{n+\lambda}}{\partial u} = \frac{\partial\varphi_{\alpha+1,\alpha_1,\ldots\alpha_\nu-1,\ldots\alpha_r}}{\partial u_\nu},$$

und es ist $\varphi_{\alpha+1,\alpha_1,\ldots\alpha_\nu-1,\ldots\alpha_r}$ eine der Grössen $\varphi_0, \varphi_1, \ldots \varphi_s$).

Bezeichnet man ferner, unter G wie vorhin den Ausdruck auf der linken Seite der Gleichung (1.) verstehend, dessen partielle Ableitungen in Beziehung auf x, φ_0, φ_1, ... φ_s respective mit

$$G'(x),\quad G'(\varphi_0),\quad G'(\varphi_1),\quad \ldots\quad G'(\varphi_s),$$

so hat man

$$G'(\varphi_n)\frac{\partial\varphi_n}{\partial u}$$

$$= -\left\{G'(x)+G'(\varphi_0)\frac{\partial\varphi_0}{\partial u}+\cdots+G'(\varphi_{n-1})\frac{\partial\varphi_{n-1}}{\partial u}+G'(\varphi_{n+1})\frac{\partial\varphi_{n+1}}{\partial u}+\cdots+G'(\varphi_s)\frac{\partial\varphi_s}{\partial u}\right\},$$

also

$$(6.)\qquad G'(\varphi_n)\frac{\partial\varphi_n}{\partial u} = -\sum_{1}^{s-n}\lambda\left(G'(\varphi_{n+\lambda})\frac{\partial\varphi_n}{\partial u_\nu}\right)-\sum_{0}^{n-1}\lambda\left(G'(\varphi_\lambda)\varphi_{\lambda+1}\right)-G'(x).$$

Endlich ist

$$(7.)\qquad \frac{\partial x}{\partial u}=1,\quad \frac{\partial x_1}{\partial u}=0,\quad \ldots\quad \frac{\partial x_r}{\partial u}=0.$$

Die Gleichungen (4.), (5.), (6.), (7.) bilden nun für die Grössen x, x_1, ... x_r, φ, φ_1, ... φ_s, welche sämmtlich Potenzreihen von u, u_1, ... u_r sind, ein System partieller Differentialgleichungen von der in §. I. Zusatz D) betrachteten Form. Da sie nun überdies den dort unter a) und c) angegebenen Bedingungen genügen, so ist damit festgestellt, dass sie sämmtlich innerhalb eines bestimmten Bezirks convergiren.

Jede auf die angegebene Weise hergestellte Potenzreihe

$$\varphi(x, x_1, \ldots x_r\ a, a_1, \ldots a_r)$$

ist also wirklich ein Element einer die vorgelegte Differentialgleichung befriedigenden analytischen Function.

Es ist jetzt noch zu untersuchen, ob man umgekehrt auch für jede der vorgelegten Differentialgleichung genügende analytische Function φ ein sie definirendes Element durch das auseinandergesetzte Verfahren erhalten kann.

Es sei

$$\varphi(x, x_1, \ldots x_r) = \sum_{\alpha,\alpha_1,\ldots\alpha_r} b_{\alpha,\alpha_1,\ldots\alpha_r}\frac{(x-a)^\alpha}{\alpha!}\frac{(x_1-a_1)^{\alpha_1}}{\alpha_1!}\cdots\frac{(x_r-a_r)^{\alpha_r}}{\alpha_r!}$$

ein beliebiges Element einer solchen Function, so bestehen für dasselbe, wenn die obigen Bezeichnungen beibehalten werden, die Gleichungen:

$$\overset{(n)}{G_0}(\varphi) = 0,$$

$$\overset{(n)}{G_0}(\varphi)\overset{(n+\lambda)}{\varphi} + H_{\lambda,0} = 0.$$

Wenn nun $b_{n,0,..0}$ nicht eine mehrfache Wurzel der Gleichung

$$G(a, a_1, \dots a_r, b_{0,\dots 0}, \dots b_{a,a_1,\dots a_r}, \dots b_{n,0,\dots 0}) = 0$$

ist, so sind durch diese Gleichungen und die Bedingung, dass $\overset{(n)}{\varphi}$ an der Stelle $(x_1 = a_1, \dots x_r = a_r)$ den Werth $b_{n,0,\dots 0}$ haben soll,

$$\overset{(n)}{\varphi}, \quad \overset{(n+1)}{\varphi}, \quad \overset{(n+2)}{\varphi}, \quad \dots$$

vollständig bestimmt.

Nun besitzt aber die Function stets unendlich viele Elemente, für welche $b_{n,0,\dots 0}$ eine einfache Wurzel der ebengenannten Gleichung ist, wofern die Function nicht eine sogenannte singuläre Lösung der Differentialgleichung ist, d. h. ausser dieser auch der Gleichung

$$G'\left(\frac{\partial^n \varphi}{\partial x^n}\right) = 0$$

genügt. Damit ist bewiesen:

Ist φ irgend eine der vorgelegten Differentialgleichung, aber nicht auch der Gleichung

$$G'\left(\frac{\partial^n \varphi}{\partial x^n}\right) = 0$$

genügende analytische Function, so lässt sich jedes Element

$$\varphi(x, x_1, \dots x_r | a, a_1, \dots a_r)$$

derselben, für welches $G'\left(\frac{\partial^n \varphi}{\partial x^n}\right)$ an der Stelle $(x = a, x_1 = a_1, \dots x_r = a_r)$ einen von Null verschiedenen Werth hat, durch das im Vorstehenden entwickelte Verfahren bestimmen.

In dem Falle aber, wo φ eine singuläre Lösung der Differentialgleichung ist, erhält man für sie durch die Combination der beiden Gleichungen

$$G = 0, \quad G'\left(\frac{\partial^n \varphi}{\partial x^n}\right) = 0$$

entweder eine algebraische Gleichung oder eine partielle Differentialgleichung, der sie als nicht singuläre Lösung genügt.

§. III.

Wenn die vorgelegte Differentialgleichung nicht die normale Form hat, so kann man ihr dieselbe doch stets dadurch geben, dass man an Stelle der Grössen $x, x_1, \dots x_r$ ebenso viele lineare Functionen derselben $(y, y_1, \dots y_r)$ als Argumente von φ einführt.

Setzt man nämlich

$$y = b + cx + c_1 x_1 + \cdots + c_r x_r$$
$$y_1 = b' + c'x + c_1' x_1 + \cdots + c_r' x_r$$
$$\cdots\cdots\cdots\cdots$$
$$y_r = b^{(r)} + c^{(r)} x + c_1^{(r)} x_1 + \cdots + c_r^{(r)} x_r,$$

wo die b, c Constanten bezeichnen, welche der Bedingung unterworfen sind, dass die Determinante

$$\begin{vmatrix} c, & c_1, & \cdots & c_r \\ c', & c_1', & \cdots & c_r' \\ \cdot & \cdot & \cdots & \cdot \\ c^{(r)}, & c_1^{(r)}, & \cdots & c_r^{(r)} \end{vmatrix}$$

nicht gleich Null sein darf, so verwandelt sich der Ausdruck

$$G(x, x_1, \ldots x_r, \varphi, \ldots \varphi_{\alpha, \alpha_1, \ldots \alpha_r} \ldots)$$

in einen anderen von derselben Form

$$G\left(y, y_1, \ldots y_r, \varphi, \cdots \frac{\partial^{\beta+\beta_1+\cdots+\beta_r}\varphi}{\partial y^{\beta}\partial y_1^{\beta_1}\ldots\partial y_r^{\beta_r}} \cdots\right),$$

in welchem ebenso wie in G nur Ableitungen von nicht höherer als der n^{ten} Ordnung vorkommen; und es lässt sich zeigen, dass derselbe im Allgemeinen, d. h. wenn man specielle Werthsysteme der Constanten $c, c_1, \ldots c_r$ ausschliesst, die Ableitung

$$\frac{\partial^n \varphi}{\partial y^n}$$

wirklich enthält.

Davon überzeugt man sich am leichtesten auf folgende Weise.

Man hat, wenn man mit

$$\varphi_{\alpha', \alpha_1', \ldots \alpha_r'}, \quad \varphi_{\alpha'', \alpha_1'', \ldots \alpha_r''}, \quad \text{u. s. w.}$$

die in G vorkommenden Ableitungen der n^{ten} Ordnung bezeichnet,

$$\frac{\partial G}{\partial x} = G_0 + G_1 \varphi_{\alpha'+1, \alpha_1', \ldots \alpha_r'} + G_2 \varphi_{\alpha''+1, \alpha_1'', \ldots \alpha_r''} + \cdots$$

wo $G_0, G_1, \ldots G_\mu$ nur Ableitungen von niedrigerer als der $(n+1)^{\text{ten}}$ Ordnung enthalten. Nun ist aber

$$\varphi_{\alpha'+1,\alpha'_1,\ldots\alpha'_r} = c^{\alpha'+1} c_1^{\alpha'_1} \ldots c_r^{\alpha'_r} \frac{\partial^{n+1}\varphi}{\partial y^{n+1}} + \cdots,$$

$$\varphi_{\alpha''+1,\alpha''_1,\ldots\alpha''_r} = c^{\alpha''+1} c_1^{\alpha''_1} \ldots c_r^{\alpha''_r} \frac{\partial^{n+1}\varphi}{\partial y^{n+1}} + \cdots,$$

etc.

wo die weggelassenen Glieder nur solche Ableitungen

$$\frac{\partial^{\beta+\beta_1+\cdots+\beta_r}\varphi}{\partial y^{\beta}\partial y_1^{\beta_1}\ldots\partial y_r^{\beta_r}}$$

enthalten, in denen $\beta+\beta_1+\cdots+\beta_r = n+1$, aber $\beta < n+1$ ist. Man hat also

$$\frac{\partial G}{\partial x} = (G_1 c^{\alpha'+1} c_1^{\alpha'_1} \ldots c_r^{\alpha'_r} + G_2 c^{\alpha''+1} c_1^{\alpha''_1} \ldots c_r^{\alpha''_r} + \cdots) \frac{\partial^{n+1}\varphi}{\partial y^{n+1}} + \cdots \quad \text{etc.},$$

wo in den weggelassenen Gliedern, nachdem die in ihnen enthaltenen Ableitungen von φ nach x, x_1, ... x_r in Ableitungen nach y, y_1, ... y_r verwandelt worden, $\frac{\partial^{n+1}\varphi}{\partial y^{n+1}}$ nicht vorkommt.

Wählt man nun die Constanten c, c_1, ... c_r so, dass der Coefficient von $\frac{\partial^{n+1}\varphi}{\partial y^{n+1}}$ in der vorstehenden Gleichung, als Function von x, x_1, ... x_r, ... $\varphi_{\alpha,\alpha_1,\ldots\alpha_r}$, ... betrachtet, nicht identisch verschwindet — was nur für specielle Werthsysteme der c, c_1, ... c_r eintreten kann — so wird derselbe auch nicht identisch gleich Null, wenn man in ihm an Stelle der Veränderlichen x, x_1, ... x_r die y, y_1, ... y_r einführt und die Ableitungen $\varphi_{\alpha,\alpha_1,\ldots\alpha_r}$ in Ableitungen von φ nach y, y_1, ... y_r verwandelt; und es kommt also die Ableitung $\frac{\partial^{n+1}\varphi}{\partial y^{n+1}}$ wirklich vor. Es ist aber

$$\frac{\partial G}{\partial x} = c\frac{\partial G}{\partial y} + c_1\frac{\partial G}{\partial y_1} + \cdots + c_r\frac{\partial G}{\partial y_r},$$

und es kann daher $\frac{\partial G}{\partial x}$, auf die angegebene Weise transformirt, die Ableitung $\frac{\partial^{n+1}\varphi}{\partial y^{n+1}}$ nur dann enthalten, wenn in G die Ableitung $\frac{\partial^n\varphi}{\partial y^n}$ vorkommt.

Nimmt man insbesondere

$$\begin{aligned} y &= x - a - c_1(x_1 - a_1) - \cdots - c_r(x_r - a_r) \\ y_1 &= x_1 - a_1 \\ &\cdot\ \cdot\ \cdot\ \cdot\ \cdot \\ y_r &= x_r - a_r, \end{aligned}$$

so sieht man, dass bei gehöriger Wahl von c_1, ... c_r sich φ stets nach

Potenzen von

$$x-a-c_1(x_1-a_1)-\cdots-c_r(x_r-a_r),\quad x_1-a_1,\ \ldots\ x_r-a_r$$

entwickeln lässt, und dass man diejenigen Functionen, in welche

$$\varphi,\quad \frac{\partial\varphi}{\partial x},\quad \ldots\quad \frac{\partial^{n-1}\varphi}{\partial x^{n-1}}$$

für

$$x = a+c_1(x_1-a_1)+\cdots+c_r(x_r-a_r)$$

übergehen, als Potenzreihen von $x_1-a_1,\ \ldots\ x_r-a_r$ im Allgemeinen willkürlich nehmen kann.

Die im Vorstehenden beschriebene Umformung der vorgelegten Differentialgleichung könnte in dem Falle unnöthig erscheinen, wenn in dieser Gleichung zwar nicht die n^{te} Ableitung von φ nach x, aber doch eine andere $\frac{\partial^m\varphi}{\partial x^m}$ (wo $m<n$, aber >0) vorkommt, und überdies in den übrigen Ableitungen

$$\frac{\partial^{\alpha+\alpha_1+\cdots+\alpha_r}\varphi}{\partial x^{\alpha}\,\partial x_1^{\alpha_1}\ldots\partial x_r^{\alpha_r}}$$

$\alpha<m$ ist.

Denn nimmt man wie oben

$$\varphi = \Sigma \overset{(\nu)}{\varphi}(x_1,\ldots x_r\,|\,a_1,\ldots a_r)\frac{(x-a)^\nu}{\nu!}$$

an, und entwickelt den Ausdruck auf der linken Seite der Gleichung nach Potenzen von $x-a$, so erhält man zunächst eine Gleichung zwischen

$$\overset{(0)}{\varphi},\quad \overset{(1)}{\varphi},\quad \ldots\quad \overset{(m)}{\varphi}$$

und einer gewissen Anzahl der Ableitungen der m ersten dieser Functionen nach $x_1,\ \ldots\ x_r$. Nimmt man dann die Reihen $\overset{(0)}{\varphi},\ \overset{(1)}{\varphi},\ \ldots\ \overset{(m-1)}{\varphi}$ willkürlich an, doch so, dass die Gleichung, in welche die ebengenannte übergeht, wenn man $x_1=a_1,\ldots x_r=a_r$ setzt, nach $\overset{(m)}{\varphi}$ aufgelöst, eine endliche, einfache Wurzel hat, so kann man $\overset{(m)}{\varphi}$ als Potenzreihe von $x_1-a_1,\ \ldots\ x_r-a_r$ so bestimmen, dass sie die erstere Gleichung befriedigt und für $x_1=a_1,\ldots x_r=a_r$ in jene Wurzel übergeht.

Die übrigen Coefficienten der genannten Entwickelung liefern sodann zur Berechnung der übrigen Functionen

$$\overset{(m+\nu)}{\varphi}(x_1,\ldots x_r\,|\,a_1,\ldots a_r)$$

die erforderlichen Gleichungen, durch welche sie sämmtlich, und zwar eindeutig, bestimmt werden.

Man erhält so, ganz in der oben auseinandergesetzten Weise, eine Potenzreihe

$$\varphi(x, x_1, \dots x_r | a, a_1, \dots a_r),$$

welche für φ gesetzt die gegebene Differentialgleichung formell befriedigt.

Aber ich habe bemerkt, dass wenn diese Reihe convergent sein soll, die Functionen $\overset{(0)}{\varphi}, \dots \overset{(m-1)}{\varphi}$ nicht willkürlich angenommen werden können, sondern solchen Beschränkungen unterworfen sind, dass man im Allgemeinen sagen kann, die Reihe

$$\varphi(x, x_1, \dots x_r | a, a_1, \dots a_r)$$

convergire an ***keiner*** Stelle $(x, x_1, \dots x_r)$, wie nahe man dieselbe auch der Stelle $(a, a_1, \dots a_r)$ annehmen kann.

Ich begnüge mich aber hier dies an einem Beispiel nachzuweisen.

Es sei die Differentialgleichung

$$\frac{\partial \varphi}{\partial x} = \frac{\partial^2 \varphi}{\partial y^2}$$

gegeben. Wenn $\varphi_0(y|b)$ irgend eine Potenzreihe von $y-b$ ist, so genügt die Reihe

$$\sum_0^\infty {}_\nu \frac{d^{2\nu} \varphi_0(y|b)}{dy^{2\nu}} \cdot \frac{(x-a)^\nu}{\nu!}$$

dieser Differentialgleichung formell, und geht für $x = a$ in $\varphi_0(y|b)$ über, sie besitzt aber nur bei einer ganz besonderen Wahl von $\varphi_0(y|b)$ einen Convergenzbezirk, während im Allgemeinen sie für kein Werthsystem (x, y) eine bestimmte, endliche Summe hat.

Es sei z. B. $a = 0$, $b = 0$,

$$\varphi_0(y|b) = \frac{1}{1-y}.$$

Dann ist

$$\frac{d^n \varphi}{dy^n} = \frac{n!}{(1-y)^{n+1}},$$

und die obige Reihe geht in

$$\sum_0^\infty {}_\nu \frac{2\nu!}{\nu!} \cdot \frac{x^\nu}{(1-y)^{2\nu+1}}$$

über, von der es leicht zu sehen ist, dass sie divergent ist, wie klein auch x, y angenommen werden.

Um allgemein zu zeigen, welche Bedingung die Function $\varphi_0(y|b)$ erfüllen muss, damit ein die gegebene Differentialgleichung befriedigendes Element $\varphi(x,y|a,b)$, das für $x=a$ in $\varphi_0(y|b)$ übergeht, existire, bemerke ich, dass die Differentialgleichung in Beziehung auf die Veränderliche y die normale Form hat; wenn man daher zwei Functionen

$$\overset{(0)}{\varphi}(x|a),\quad \overset{(1)}{\varphi}(x|a)$$

willkürlich annimmt, so kann man $\varphi(x,y|a,b)$ nach dem Vorhergehenden so bestimmen, dass diese Function der gegebenen Differentialgleichung genügt und für $y=b$

$$\varphi(x,y|a,b) \quad \text{in} \quad \overset{(0)}{\varphi}(x|a)$$

und

$$\frac{\partial\varphi(x,y|a,b)}{\partial y} \quad \text{in} \quad \overset{(1)}{\varphi}(x|a)$$

übergeht. Und zwar erhält man, da in diesem Falle

$$\overset{(2)}{\varphi}(x|a) \text{ nur den einen Werth } \frac{\partial\overset{(0)}{\varphi}(x|a)}{\partial x}$$

hat,

$$\sum_0^\infty{}_\nu \frac{\partial^\nu \overset{(0)}{\varphi}(x|a)}{\partial x^\nu}\,\frac{(y-b)^{2\nu}}{(2\nu)!} + \sum_0^\infty{}_\nu \frac{\partial^\nu \overset{(1)}{\varphi}(x|a)}{\partial x^\nu}\,\frac{(y-b)^{2\nu+1}}{(2\nu+1)!}$$

als den *allgemeinsten* Ausdruck von $\varphi(x,y|a,b)$.

Ist nun

$$\overset{(0)}{\varphi}(x|a) = \sum_0^\infty{}_\nu c_\nu (x-a)^\nu$$

und

$$\overset{(1)}{\varphi}(x|a) = \sum_0^\infty{}_\nu c'_\nu (x-a)^\nu,$$

so ergiebt sich

$$\varphi_0(y|b) = \varphi(a,y|a,b) = \sum_0^\infty{}_\nu \frac{\nu!}{(2\nu)!}\, c_\nu (y-b)^{2\nu} + \sum_0^\infty{}_\nu \frac{\nu!}{(2\nu+1)!}\, c'_\nu (y-b)^{2\nu+1}.$$

Bezeichnet man nun mit ϱ eine positive Grösse, die kleiner ist als der Radius des gemeinschaftlichen Convergenzbezirks der Reihen $\overset{(0)}{\varphi}$, $\overset{(1)}{\varphi}$, und die absoluten Beträge von c_ν, c'_ν mit $|c_\nu|$, $|c'_\nu|$, so lässt sich eine positive Grösse g so angeben, dass für jeden Werth von ν

$$|c_\nu| < g\varrho^{-\nu},\quad |c'_\nu| < g\varrho^{-\nu}.$$

Es muss also $\varphi_0(y|b)$ so gewählt werden, dass für zwei bestimmte Grössen g, ϱ dem absoluten Betrage nach

der Coefficient von $(y-b)^{2\nu}$ kleiner ist als $\frac{\nu!}{(2\nu)!} g\varrho^{-\nu}$,

- - - $(y-b)^{2\nu+1}$ - - - $\frac{\nu!}{(2\nu)!} g\varrho^{-\nu}$.

Daraus folgt, dass die Reihe

$$\Sigma_\nu \frac{d^{2\nu}\varphi_0(y|b)}{dy^{2\nu}} \frac{(x-a)^\nu}{\nu!}$$

niemals convergent ist, wie klein man auch $x-a$, $y-b$ annehmen möge, wenn die Reihe $\varphi_0(y|b)$ nur einen beschränkten Convergenzbezirk besitzt. Aber auch wenn $\varphi_0(y|b)$ eine beständig convergirende Reihe ist, kann die vorstehende Reihe beständig divergent sein. Dies ist z. B. der Fall, wenn man

$$\varphi_0(y|b) = \sum_{0}^{\infty}{}_\nu \frac{(y-b)^\nu}{(\nu!)^{\frac{1}{3}}}$$

annimmt, weil dann die eben angegebenen Bedingungen für die Coefficienten der Reihe $\varphi_0(y|b)$ nicht erfüllt sind.

§. IV.

Ich gehe jetzt zu dem Fall über, wo zur Bestimmung von m Functionen $\varphi_1, \ldots \varphi_m$ von $r+1$ Veränderlichen $(x, x_1, \ldots x_r)$ ein System von m algebraischen partiellen Differentialgleichungen gegeben ist, welches in Beziehung auf φ_λ von der n_λ^{ten} Ordnung sein möge. Ich setze dabei voraus, dass dasselbe die *normale* Form habe, d. h. dass in demselben die Ableitungen

$$\frac{\partial^{n_1}\varphi_1}{\partial x^{n_1}}, \quad \ldots \quad \frac{\partial^{n_m}\varphi_m}{\partial x^{n_m}}$$

wirklich vorkommen, und dass es, wenn man diese Grössen als die Unbekannten, die übrigen in ihm vorkommenden aber als willkürlich gegebene betrachtet, auflösbar sei, und nur eine endliche Anzahl von Werthsystemen der genannten Grössen liefere.

Der ersten Bedingung ist, wenn sie nicht von selbst erfüllt sein sollte, stets durch eine lineare Transformation der unabhängigen Veränderlichen in der im vorhergehenden Paragraphen angegebenen Weise zu genügen.

Was dagegen die zweite Bedingung angeht, so bleibt allerdings noch zu untersuchen, ob ein Gleichungssystem von nicht normaler Form stets durch ein ähnliches Verfahren, wie es *Jacobi* bei einem System gewöhnlicher Differentialgleichungen angewandt hat, auf ein normales zurückgeführt werden könne, worauf ich aber hier nicht eingehen kann.

Dieses vorausgeschickt, bringe ich das vorgelegte Gleichungssystem folgendermassen auf eine „canonische" Gestalt:

Man kann, um die Grössen

$$\frac{\partial^{n_1}\varphi_1}{\partial x^{n_1}}, \quad \frac{\partial^{n_m}\varphi_m}{\partial x^{n_m}}$$

durch $x, x_1, \ldots x_r, \varphi_1, \ldots \varphi_m$ und die in den gegebenen Gleichungen enthaltenen Ableitungen von $\varphi_1, \ldots \varphi_m$ auszudrücken, eine lineare Function der ersteren

$$\varphi_0 = c_1 \frac{\partial^{n_1}\varphi_1}{\partial x^{n_1}} + \cdots + c_m \frac{\partial^{n_m}\varphi_m}{\partial x^{n_m}},$$

wo $c_1, \ldots c_m$ willkürlich anzunehmende Constanten bezeichnen, als unbekannte Grösse einführen. Man erhält dann für φ_0 eine algebraische Gleichung

$$\mathfrak{G} = 0,$$

wo $\mathfrak{G}$ eine ganze Function von φ_0, deren Coefficienten ganze und rationale Functionen der als bekannt angenommenen Grössen sind, bezeichnet.

Es sei G ein unzerlegbarer Theiler von $\mathfrak{G}$, so entspricht jedem Werthe von φ_0, welcher der Gleichung

$$G = 0$$

genügt, ein Werthsystem der unbekannten Ableitungen:

$$\frac{\partial^{n_1}\varphi_1}{\partial x^{n_1}} = \frac{G_1}{G'}, \quad \frac{\partial^{n_m}\varphi_m}{\partial x^{n_m}} = \frac{G_m}{G'},$$

wo

$$G' = \frac{\partial G}{\partial \varphi_0}, \quad G_\lambda = -\frac{\partial G}{\partial c_\lambda}$$

ist.

Es werden daher die gegebenen Gleichungen ersetzt durch eine gewisse Anzahl von Gleichungssystemen der Form

$$(1.)\quad \begin{cases} G(\varphi_0) = 0, \\ G'\dfrac{\partial^{n_1}\varphi_1}{\partial x^{n_1}} = G_1, \\ \cdot \quad \cdot \quad \cdot \\ G'\dfrac{\partial^{n_m}\varphi_m}{\partial x^{n_m}} = G_m, \end{cases}$$

wo die sämmtlichen G, wenn man

$$\frac{\partial^{\alpha+\alpha_1+\cdots+\alpha_r}\varphi_\lambda}{\partial x^\alpha \partial x_1^{\alpha_1}\ldots\partial x_r^{\alpha_r}}$$

mit $\varphi_{\lambda;\alpha,\alpha_1,\ldots\alpha_r}$ bezeichnet, ganze rationale Functionen von x, x_1, ... x_r und denjenigen Grössen

$$\varphi_{\lambda;\alpha,\alpha_1,\ldots\alpha_r}$$

sind, in denen — für den jedesmal betrachteten Werth von λ —

$$\alpha+\alpha_1+\cdots+\alpha_r \leqq n_\lambda, \quad \alpha < n_\lambda$$

ist.

Es handelt sich nun darum, $m+1$ Functionen-Elemente

$$\varphi_0(x, x_1, \ldots x_r \,|\, a, a_1, \ldots a_r), \; \varphi_1(x, x_1, \ldots x_r \,|\, a, a_1, \ldots a_r), \; \ldots \; \varphi_m(x, x_1, \ldots x_r \,|\, a, a_1, \ldots a_r)$$

auf die allgemeinste Weise so zu bestimmen, dass dieselben für φ_0, φ_1, ... φ_m gesetzt, die Gleichungen (1.) befriedigen.

Man setze, unter λ eine der Zahlen 0, 1, ... m verstehend,

$$(2.) \quad \begin{cases} \varphi_\lambda = \Sigma\left(b^{(\lambda)}_{\alpha,\alpha_1,\ldots\alpha_r}\dfrac{(x-a)^\alpha}{\alpha!}\dfrac{(x_1-a_1)^{\alpha_1}}{\alpha_1!}\cdots\dfrac{(x_r-a_r)^{\alpha_r}}{\alpha_r!}\right) \\ \qquad (\alpha=0\ldots\infty, \; \alpha_1=0\ldots\infty, \; \ldots \; \alpha_r=0\ldots\infty) \\ \quad = \sum\limits_0^{\infty}{}_\alpha \overset{(\alpha)}{\varphi}_\lambda(x_1, \ldots x_r \,|\, a_1, \ldots a_r)\dfrac{(x-a)^\alpha}{\alpha!}, \end{cases}$$

die Constanten a, a_1, ... a_r und sämmtliche Coefficienten $b^{(\lambda)}_{\alpha,\alpha_1,\ldots\alpha_r}$ vorläufig ganz unbestimmt lassend, und entwickele den Ausdruck G nach Potenzen von $x-a$, x_1-a_1, ... x_r-a_r; so erhält man das constante Glied dieser Entwickelung, das mit $\overline{G}$ bezeichnet werden möge, wenn man in G

$$a, \; a_1, \; \ldots \; a_r \quad \text{für} \quad x, \; x_1, \; \ldots \; x_r,$$

$$b^{(\lambda)}_{\alpha,\alpha_1,\ldots\alpha_r} \quad \text{für} \quad \varphi_{\lambda;\alpha,\alpha_1,\ldots\alpha_r}$$

und

$$b^{(0)}_{0,0,\ldots0} \quad \text{für} \quad \varphi_0$$

setzt. Dann muss, wenn die Gleichungen (1.) befriedigt werden sollen, zunächst

$$\overline{G} = 0$$

sein. Diese Gleichung dient dazu, um $b^{(0)}_{0,0,\ldots0}$ durch die eben genannten Grössen auszudrücken. Die letzteren müssen also so gewählt werden, dass in dem Ausdrucke $\overline{G}$ die zu bestimmende Grösse $b^{(0)}_{0,0,\ldots0}$ wirklich vorkommt.

Entwickelt man ferner G nach Potenzen von $x-a$, so wird der

Coefficient von $(x-a)^{\nu}$, der mit $\dot{G}(\overset{(0)}{\varphi}_0)$ bezeichnet werden möge, dadurch erhalten, dass man in G

$$a \quad \text{für} \quad x,$$

$$\frac{\partial^{\alpha_1+\dots+\alpha_r}\overset{(\alpha)}{\varphi}(x_1,\dots x_r,\, a_1,\dots a_r)}{\partial x_1^{\alpha_1}\dots\partial x_r^{\alpha_r}} \quad \text{für} \quad \varphi_{\lambda,\alpha,\dots\alpha_r}$$

und

$$\overset{(0)}{\varphi}_0 \quad \text{für} \quad \varphi_0$$

setzt. Es ist also

$$\dot{G}(\overset{(0)}{\varphi}_0)$$

eine ganze Function von $\overset{(0)}{\varphi}_0$ mit Coefficienten, welche ganze Functionen von

$$x_1, \quad x_r,$$

ferner von

$$\overset{(0)}{\varphi}_1, \;\dots\; \overset{(n_1-1)}{\varphi}_1, \;\dots\; \overset{(0)}{\varphi}_n, \;\dots\; \overset{(n-1)}{\varphi}_n$$

und einer gewissen Anzahl der Ableitungen dieser Functionen sind. Dieselbe geht in $\bar{G}$ über, wenn man $x_1 = a_1, \dots x_r = a_r$ nimmt. Unterwirft man also die in $\bar{G}$ vorkommenden Grössen $a,\ a_1, \dots a_r,\ b^{(\lambda)}_{\alpha_1\dots\alpha_r}$ der Bedingung, dass die Gleichung

$$\bar{G} = 0$$

nach $b^{(0)}_{0\dots0}$ aufgelöst, mindestens *eine* endliche, einfache Wurzel besitze, und versteht jetzt unter $b^{(0)}_{0\dots0}$ eine solche, so giebt es eine völlig bestimmte Function $\overset{(0)}{\varphi}_0(x_1,\dots x_r,\, a_1,\dots a_r)$, welche, für $\overset{(0)}{\varphi}_0$ gesetzt, der Gleichung

$$(3.) \qquad \dot{G}(\overset{(0)}{\varphi}_0) = 0$$

genügt, und in $b^{(0)}_{0\dots0}$ übergeht, wenn man $x_1 = a_1, \dots x_r = a_r$ setzt. Dabei können die Coefficienten der eben genannten $n_1+n_2+\dots+n$ Functionen

$$\overset{(\nu)}{\varphi}_\lambda(x_1,\dots x_r,\, a_1,\dots a_r),$$

abgesehen von der angegebenen Beschränkung, ganz willkürlich angenommen werden, selbstverständlich jedoch so, dass jede von ihnen einen Convergenzbezirk besitze. Dann hat die in der angegebenen Weise bestimmte Function $\overset{(0)}{\varphi}_0(x_1,\dots x_r,\, a_1,\dots a_r)$ ebenfalls immer einen gewissen Convergenzbezirk.

Differentiirt man ferner den Ausdruck

$$G' \frac{\partial^{n_\lambda} \varphi_\lambda}{\partial x^{n_\lambda}} - G_\lambda$$

als Function von x betrachtet, so hat die ν^{te} Ableitung derselben die Form

$$G' \frac{\partial^{n_\lambda + \nu} \varphi_\lambda}{\partial x^{n_\lambda + \nu}} + H_\nu^{(\lambda)},$$

wo $H_\nu^{(\lambda)}$ eine ganze Function von $x, x_1, \ldots x_r$ und denjenigen Grössen

$$\varphi_{\mu;\alpha,\alpha_1,\ldots\alpha_r},$$

in denen — bei dem jedesmal betrachteten Werth von λ —

$$\alpha + \alpha_1 + \cdots + \alpha_r \leqq n_\mu + \nu, \quad \alpha < n_\mu + \nu$$

ist, bezeichnet.

Die Entwickelung von

$$G' \frac{\partial^{n_\lambda} \varphi_\lambda}{\partial x^{n_\lambda}} - G_\lambda$$

nach Potenzen von $x - a$ hat also die Form

$$\dot{G}' \overset{(n_\lambda + \nu)}{\varphi_\lambda} + \dot{H}_\nu^{(\lambda)},$$

wo $\dot{G}'$, $\dot{H}_\nu^{(\lambda)}$ aus G', $H_\nu^{(\lambda)}$ dadurch entstehen, dass man setzt

$$x = a$$

und

$$\varphi_{\mu;\alpha,\alpha_1,\ldots\alpha_r} = \frac{\partial^{\alpha_1 + \cdots + \alpha_r} \overset{(\alpha)}{\varphi_\mu}}{\partial x_1^{\alpha_1} \ldots \partial x_r^{\alpha_r}}.$$

Es hat ferner die ν^{te} Ableitung des Ausdruckes G nach x die Gestalt:

$$G' \frac{\partial^\nu \varphi_0}{\partial x^\nu} + H_\nu^{(0)},$$

wo $H_\nu^{(0)}$ dieselbe Gestalt wie die vorstehenden Functionen $H_\nu^{(\lambda)}$ hat.

Bezeichnet man also mit

$$\dot{G}^{(\lambda)}, \quad \dot{H}_\nu^{(0)}$$

die Ausdrücke, in welche $G^{(\lambda)}$, $H_\nu^{(0)}$ dadurch übergehen, dass man $x = a$ und

$$\varphi_{\mu;\alpha,\alpha_1,\ldots\alpha_r} = \frac{\partial^{\alpha_1 + \cdots + \alpha_r} \overset{(\alpha)}{\varphi_\mu}}{\partial x_1^{\alpha_1} \ldots \partial x_r^{\alpha_r}}$$

setzt, so ist der Coefficient von $\frac{(x-a)^\nu}{\nu!}$ in der Entwickelung von G nach

Potenzen von $x-a$

$$\dot{G}'\overset{(\nu)}{\varphi}_0+\dot{H}_\nu^{(0)}.$$

Damit also die Gleichungen (1.) befriedigt werden, muss man haben

$$(4.)\qquad \dot{G}'\overset{(n_\lambda+\nu)}{\varphi_\lambda}+\dot{H}_\nu^{(\lambda)}=0,\qquad (\lambda=0,1\ldots m).$$

Da sich, weil $\dot{G}'$ an der Stelle $(x_1=a_1,\ldots x_r=a_r)$ nicht verschwindet,

$$\frac{1}{\dot{G}'}$$

in eine Potenzreihe von $x_1-a_1, \ldots x_r-a_r$ entwickeln lässt, so ergeben sich aus den Gleichungen (4.)

$$\overset{(\nu+1)}{\varphi_0},\ \overset{(n_1+\nu)}{\varphi_1},\qquad \overset{(n_m+\nu)}{\varphi_m}$$

als Potenzreihen von $x_1-a_1,\ldots x_r-a_r$, welche vollständig bestimmt sind, sobald

$$\begin{array}{ll} \overset{(0)}{\varphi_0} & \\ \overset{(0)}{\varphi_1}, & \overset{(n_1-1)}{\varphi_1} \\ \cdot\ \cdot & \cdot\ \cdot\ \cdot \\ \overset{(0)}{\varphi_m}; & \overset{(n_m-1)}{\varphi_m} \end{array}$$

es sind.

Daraus folgt, dass wenn man $a, a_1, \ldots a_r$ und die vorstehenden Functionen

$$\overset{(\mu)}{\varphi_\lambda}(x_1,\ldots x_r|a_1,\ldots a_r)\qquad(\text{für }\lambda=1\ldots m)$$

den angegebenen Bedingungen gemäss, im Uebrigen aber willkürlich annimmt, darauf, nach Fixirung der aus der Gleichung

$$\bar{G}=0$$

sich ergebenden Coefficienten $b_{0,0,\ldots 0}^{(0)}$, zunächst $\overset{(0)}{\varphi_0}$ und dann die sämmtlichen Functionen $\overset{(n_\lambda+\nu)}{\varphi_\lambda}(x_1,\ldots x_r|a_1,\ldots a_r)$ sich so bestimmen lassen, und zwar nur auf eine einzige Weise, wie es erforderlich ist, wenn

$$(5.)\quad \begin{cases} \varphi_0 = \sum_0^\infty {}_\alpha \overset{(\alpha)}{\varphi_0}(x_1, \dots x_r | a_1, \dots a_r) \dfrac{(x-a)^\alpha}{\alpha!} \\ \varphi_1 = \sum_0^\infty {}_\alpha \overset{(\alpha)}{\varphi_1}(x_1, \dots x_r | a_1, \dots a_r) \dfrac{(x-a)^\alpha}{\alpha!} \\ \dots\dots\dots\dots\dots \\ \varphi_m = \sum_0^\infty {}_\alpha \overset{(\alpha)}{\varphi_m}(x_1, \dots x_r | a_1, \dots a_r) \dfrac{(x-a)^\alpha}{\alpha!}. \end{cases}$$

den Gleichungen (1.) formell genügen sollen.

Um nun zu beweisen, dass die so bestimmten Ausdrücke $\varphi_0, \varphi_1, \dots \varphi_m$ ein System von Functionen-Elementen bilden, welches die Gleichungen (1.) wirklich befriedigt, hat man nur zu zeigen, dass sie innerhalb eines bestimmten Bezirks convergiren.

Ich setze wieder

$$x = a + u, \quad x_1 = a_1 + u_1, \quad \dots \quad x_r = a_r + u_r$$

und verstehe jetzt unter $\varphi_{\lambda;\alpha,\alpha_1,\dots\alpha_r}$ die Potenzreihe von $u, u_1, \dots u_r$, in welche

$$\frac{\partial^{\alpha+\alpha_1+\dots+\alpha_r}\varphi_\lambda}{\partial x^\alpha \partial x_1^{\alpha_1} \dots \partial x_r^{\alpha_r}}$$

durch diese Substitution übergeht.

Dann hat man

$$(6.)\quad \begin{cases} \dfrac{\partial \varphi_\lambda}{\partial u} = \varphi_{\lambda;1,0,\dots 0} \\ \cdot\ \cdot\ \cdot\ \cdot \\ \dfrac{\partial \varphi_{\lambda;n_\lambda-2,0,\dots 0}}{\partial u} = \varphi_{\lambda;n_\lambda-1,0,\dots 0} \end{cases} \qquad (\lambda = 1, \dots m)$$

$$G' \frac{\partial \varphi_{\lambda;n_\lambda-1,0,\dots 0}}{\partial u} = G_\lambda,$$

wo man, wenn $n_\lambda = 1$ ist, nur die letzte Gleichung beizubehalten hat.

Ferner hat man

$$G' \frac{\partial \varphi_0}{\partial u} + H_1^{(0)} = 0,$$

wo $H_1^{(0)}$ eine ganze Function von $u, u_1, \dots u_r$ und denjenigen Grössen

$$\varphi_{\mu;\alpha,\alpha_1,\dots\alpha_r},$$

in welchen für den jedesmal betrachteten Werth von μ

$$\alpha + \alpha_1 + \dots + \alpha_r \leqq n_\mu + 1, \quad \alpha \leqq n_\mu$$

ist. Man kann aber aus $H_1^{(0)}$ die Grössen

$$\frac{\partial^{n_1}\varphi_1}{\partial x^{n_1}}, \qquad \frac{\partial^{n_m}\varphi_m}{\partial x^{n_m}}$$

und deren ersten Ableitungen nach den Veränderlichen $x_1, \ldots x_r$ vermittelst der Gleichungen (4.) eliminiren, und erhält so eine Gleichung

$$(7.)\qquad G' \frac{\partial \varphi_k}{\partial u} - G_0 = 0,$$

wo k eine der Zahlen 0, 1, 2, 3 und G_0 ein Ausdruck von derselben Gestalt wie die G_λ in den Gleichungen (6.) ist.

Sodann hat man für jede Function $\varphi_{\lambda;\alpha\,\alpha_1,\ldots\alpha_r}$, in welcher

$$\alpha+\alpha_1+\cdots+\alpha_r < n_\lambda$$

und mindestens eine der Grössen $\alpha_1, \ldots \alpha_r$, z. B. $\alpha_\mu > 0$ ist,

$$(8.)\qquad \frac{\partial \varphi_{\lambda;\alpha,\alpha_1,\ldots\alpha_\mu\ldots\alpha_r}}{\partial u} = \frac{\partial \varphi_{\lambda;\alpha+1,\ldots\alpha_\mu\ldots\alpha_r}}{\partial u_\mu}.$$

Endlich ist

$$(9.)\qquad \frac{\partial x}{\partial u} = 1, \quad \frac{\partial x_1}{\partial u} = 0, \qquad \frac{\partial x_r}{\partial u} = 0.$$

So ergiebt sich für $x, x_1, \ldots x_r$ und diejenigen Functionen

$$\varphi_{\lambda;\alpha,\alpha_1,\ldots\alpha_r},$$

in welchen $\alpha+\alpha_1+\cdots+\alpha_r < n_\lambda$ ist (wobei jedoch jetzt *jede* solche Function, auch wenn sie in den Gleichungen (1.) nicht vorkommen sollte, in Betracht zu ziehen ist), ein System partieller Differentialgleichungen von der in §. I. Zusatz D) betrachteten Form.

Damit ist festgestellt, dass sie Potenzreihen von $u, u_1, \ldots u_r$ oder $x-a, x_1-a_1, \ldots x_r-a_r$ sind, welche sämmtlich innerhalb eines bestimmten Bezirks convergiren, indem die am angeführten Orte unter a), b) angegebenen Bedingungen in diesem Falle erfüllt sind.

Der Beweis ferner, dass man für jedes die Gleichungen (1.) befriedigende System analytischer Functionen ein dasselbe definirendes System von Functionen-Elementen durch das beschriebene Verfahren erhalten kann, wird ganz so geführt, wie es am Schlusse des §. II. für den Fall, dass nur eine Differentialgleichung vorliegt, geschehen ist. Die singulären Lösungen der Gleichungen (1.) bilden diejenigen Functionensysteme $\varphi_0, \varphi_1, \ldots \varphi_r$, welche ausser den genannten Gleichungen auch noch die Gleichung $G' = 0$ befriedigen. Die Bestimmung dieser singulären Functionen-Systeme lässt sich aber immer durch algebraische Gleichungen oder vermittelst eines Systems anderer Differentialgleichungen, von dem sie keine singulären Lösungen sind, bewerkstelligen.

Hiermit ist die Aufgabe, die ich mir gestellt habe, vollständig gelöst. Ich bemerke aber noch Folgendes. Auch transcendente partielle Differentialgleichungen lassen sich in vielen Fällen auf das Gleichungssystem (1.) in der Art zurückführen, dass

$$G, \quad G_1, \quad \ldots \quad G_m$$

nicht rationale, aber in der Form beständig convergirender Potenzreihen darstellbare ganze Functionen von

$$x, \quad x_1, \quad \ldots \quad x_r \text{ und den Grössen } \varphi_{\lambda;\alpha,\alpha_1,\ldots\alpha_r}$$

sind. In diesem Falle behalten die im Vorstehenden gefundenen Resultate ihre volle Gültigkeit, wie aus der Herleitung derselben ohne Weiteres ersichtlich ist.

Berlin, im Juli 1874.